© 2022, Rolland GONTARD.David PROST.Maxime SOUQUE

Édition : BoD – Books on Demand, 12/14 rond-point des Champs-Élysées, 75008 Paris
Impression : BoD - Books on Demand, Norderstedt, Allemagne
ISBN: 9782322404513
Dépôt légal : Février 2022

Table des matières

1. Un Mouvement social historique — 5

2. Le Vrai Débat: plateforme de revendications 100% citoyennes — 9

3. Etudes et synthèses des propositions postées sur la plateforme (retranscrites sans reformulation) — 13

a) Eléments de synthèse réalisés par le groupe de travail de Triangle (UMR CNRS 5206, Lyon) du 8 au 18 mars 2019 — 13

b) Rapport scientifique préliminaire d'analyse du « Vrai Débat » 27 mars 2019- Laboratoire d'Études et de Recherches Appliquées en Sciences Sociale – Université de Toulouse — 22

4. Top 59 des propositions — 46

5. Comment et où s'informer au sujet du Mouvement des Gilets Jaunes. Comment participer aux différents projets ? — 51

6. Le Mot de la fin — 56

1. Un Mouvement social historique

Pour rappel, en mai 2018 une pétition avait été lancée pour dénoncer le faux argument avancé par le Gouvernement pour justifier de la hausse constante des taxes sur le carburant. Selon la version officielle, il était question de financer la transition écologique, délaisser le véhicule et abandonner progressivement l'usage du pétrole. Mais désormais nous le savons, cette taxe n'a pas servi à financer la transition écologique mais le CICE, avantage fiscal versé aux grandes entreprises qui auraient dû s'en servir pour embaucher (alors qu'elles licencient massivement) et qui n'ont pas le droit d'en faire usage pour reversement en dividende, mais qui le font quand même !

Nous, Gilets Jaunes, avons reçu un grand nombre de revendications et propositions via différents canaux de la part de citoyens visant à améliorer la qualité de vie et le pouvoir d'achat: **cet élan de contestation a donné naissance au mouvement des Gilets Jaunes et a pris de l'ampleur puisqu'il englobe désormais le sujet du pouvoir d'achat et la place du citoyen dans la vie politique.**

Suite à diverses actions de rassemblements spontanés de citoyens, le Gouvernement a annoncé l'annulation de la hausse des taxes sur le carburant qui était prévue pour janvier 2019. Une des 1ères revendications de la pétition. Ceci dit, nous notons que les tarifs continuent d'augmenter et la part de taxes reste très importante dans le tarif lorsque d'autres profils pollueurs sont toujours exonérés…(pas de taxes sur le kérosène dans le secteur aérien, et pas de taxes non plus sur le fioul, dans le secteur maritime !).

Puis d'autres mesures ont été annoncées, sauf qu'elles ne répondent que très partiellement aux besoins exprimés et ne suffisent pas à répondre à l'injustice sociale que nous dénonçons depuis 7 mois maintenant. **Notre mobilisation ne vise pas à servir la cause des gilets jaunes uniquement mais à résoudre une crise sociale qui impacte une grande majorité des français aujourd'hui.** Le Gouvernement a ensuite annoncé qu'un grand débat allait avoir lieu dans tout le pays. Mais la

Commission Nationale du Débat Public (CNDP), qui avait été mandatée pour organiser ce débat, s'est finalement retirée, après des semaines d'échanges tendus avec le gouvernement.

Pourquoi ? Il faut savoir que le Gouvernement a demandé à la Présidente de la Commission de lui accorder une **faveur personnelle** en organisant ce Grand Débat, **ce qu'elle a refusé par éthique professionnelle**. Puis le Gouvernement n'a pas donné suite aux alertes effectuées par la Présidente qui rappelait la nécessité de respecter le principe de transparence, de neutralité et d'exemplarité prévu par le processus de mise en place d'un tel débat *(sources Mediapart)*.

Aujourd'hui, nous faisons donc l'amer constat que nous avions raison de nous méfier du GRAND DÉBAT qui, en plus d'avoir coûté 12 millions d'euros ! n'a été selon nous qu'un moyen de faire taire ce mouvement et une occasion pour le Président de faire campagne et remonter dans les sondages avant les élections européennes de par sa simple omniprésence médiatique !

Pour cette raison, des Gilets Jaunes de tous profils et toutes régions se sont organisés en formant un collectif afin de mettre en place une plateforme collaborative que nous connaissons tous sous le nom du VRAI DÉBAT ; alors que d'autres conscients qu'internet n'est pas accessible à tous, ont mis en place une consultation citoyenne (version papier) qui a recueilli 900000 contributions sur 39 départements.

Mais vous noterez que personne ne parle de cette plateforme de revendications.

Il est important également de rappeler qu'à toutes ces initiatives mises en place depuis le début du mouvement viennent s'ajouter :

- **les actions de terrains** (manifestations, rassemblements, ronds points);
- **les initiatives d'entraide et de solidarité** (création d'association, collectes de fonds, de produits de premières nécessités pour redistribution aux SDF..);

- **les actions légales** (études de failles administratives, actions en justice, initiatives légales en faveur de la démocratie, saisines du Défenseur des Droits et/ou de l'IGPN)
- **les projets collectifs visant à travailler sur une réelle démocratie** (ateliers de réécriture de notre constitution, études et travaux autour de la mise en place du Référendum d'Initiative Citoyenne "RIC")
- **ou encore des actions de communications** (conférences, tractage, assemblée citoyenne) **et à bien d'autres…**

et cela organisé de manière bénévole par des gilets jaunes ayant à côté une activité professionnelle et une vie personnelle parfois mises à mal par tout ce temps consacré à la cause.

En marge de toutes ces initiatives, citoyens gilets jaunes, secours volontaires, journalistes, sont victimes ou témoins de la **répression policière et judiciaire**: **gardes à vue à ciel ouvert** en vue de freiner un rassemblement spontané, **gardes à vue « préventives »** en vue d'empêcher des intentions à manifester, **arrestations aléatoires** en vue de ficher les individus, **fouilles illégales et confiscations d'objets non dangereux** voire de soins d'urgence en vue de dissuader à la participation aux manifestations, **agressions et abus de pouvoir**…et bien entendu nous ferons tout pour que ces actes ne restent pas impunis.

Rappelons que nous subissons tout cela parce que nous revendiquons une meilleure qualité de vie pour nous et les générations à venir.

Ajoutons que la "loi anti-casseurs" rapidement adoptée, ainsi que les derniers dispositifs de sécurité portent clairement atteinte à notre liberté et ce sont par des actions de désobéissance civile que nous, citoyens, maintenons notre contestation. C'est aussi lors de ces actions que nous sommes traités de manière répressive:

- *lorsque l'on nous demande de retirer nos gilets jaunes, des accessoires de couleur jaune (!) pour passer un cordon de forces de l'ordre, ou pour passer d'une rue à une autre !*

- *lorsque nous sommes verbalisés pour avoir porté un pull portant une mention relative au RIC...*
- *lorsque l'on nous confisque nos effets personnels de protection tels que lunette, masque, sérum physiologique etc... y compris le matériel des secours volontaires plus communément appelés "street médic"*
- *lorsque des personnes âgées présentes aux lieux de manifestations, simples passants, se font jetées, ou piétinées par un cordon de CRS en progression...*
- *lorsque les blessés secourus par les services d'urgence (pompiers, ambulanciers..), et emmenés à l'hôpital, sont fichées par le personnel hospitalier à la demande du ministère de la défense,*
- ***lorsque les gaz lacrymogène sont extrêmement nocifs et contiennent des substances telles que du cyanure et dont l'utilisation s'est intensifiée via les véhicules blindés. A ce titre, des collectifs ont déjà réuni un maximum de témoignages et d'analyses médicales/sanguines afin de pouvoir tristement enrichir leurs dossiers.***

Autant dire que le gouvernement n'apprécie pas être remis en question et nous le fait savoir par tous les moyens de répression possibles. Ainsi, le Défenseur des Droits, M. Jacques Toubon a été saisi des questions suivantes:

1. *Les Moyens de maintien de l'ordre sont-ils détournés à des fins politiques ? Permettant entre autres d'instaurer des lois liberticides et de mettre fin à ce mouvement social, de l'étouffer, l'écraser quoi qu'il en coûte ?*

2. *Les moyens de communications sont ils complices ou utilisés en vue d'exercer une stratégie politique visant à manipuler l'opinion publique par la propagation de rumeurs telles que celles de prétendre que le mouvement est orchestré par des puissances étrangères telle que la Russie.. ou que celui-ci est raciste, homophobe, xénophobe, complotiste et autres étiquettes sciemment sélectionnées pour instaurer une crainte grâce à l'utilisation des médias et réseaux*

sociaux pour adresser des messages effrayants aux citoyens et gagner en opinion publique positive ? et ainsi tenter de tuer ce mouvement social ?

1. *La mise en place du prétendu « grand débat » est il un moyen détourné pour la LREM de faire campagne en vue des élections européennes.. présidentielles ? Le temps de parole accordé au président durant cette campagne est-il respectueux des règles du CSA ?*

Autant de questions auxquelles le Défenseurs des droits n'a pas répondu.

2. Le Vrai Débat: plateforme de revendications 100% citoyennes

Dès le 25 novembre, un collectif de Gilets jaunes de La Réunion ouvre une plateforme destinée à collecter et synthétiser les revendications des citoyens réunionnais. Et ce, bien avant l'annonce du Président d'organiser un grand débat national.

De nouvelles plateformes du même type, destinées aux régions de France métropolitaine, émergent : une plateforme PACA (Provence-Alpes-Côte d'Azur), une plateforme Midi-Pyrénées et une plateforme pour la Bretagne avec pour objectif commun de donner à leurs concitoyens un outil pour collecter, classer et co-construire localement sur la base de revendications claires et opérationnelles.

Ces plateformes sont mises à disposition, gratuitement, par Cap Collectif avec la condition qu'elles puissent être gérées collectivement par tous les Gilets jaunes qui souhaitent s'en saisir.

Et l'initiative est un succès : La Réunion propose dès le 10 décembre une synthèse des revendications les plus soutenues parmi plus de 2,000 contributions et 53,000 votes. Depuis le mois de janvier 2019 la phase "co-construction" est entamée, tout en menant parallèlement une nouvelle consultation.

Quasi simultanément, le gouvernement lance une plateforme numérique "le Grand Débat National". De nombreux citoyens et spécialistes dont la CNPD (Commission Nationale du Débat Public dans un rapport publié le 14 janvier) reprochent au gouvernement son manque d'impartialité et d'écoute. Mais aussi sa mise en œuvre via une consultation trop fermée et notamment dirigée par un questionnaire orienté.
Au niveau national, un collectif de Gilets jaunes se forme. Celui-ci accueille de nombreux fondateurs ou participants aux plateformes régionales précédemment citées. Ils sont accompagnés par des acteurs de l'innovation démocratique comme Démocratie Ouverte, Decidemos ou Article 3.

L'objectif est de rassembler et de fédérer l'ensemble de la population française autour de cet outil et de cette méthodologie inclusive en 3 Phases afin que chaque parole ait le même poids.

La plateforme du VRAI DÉBAT était née.

Phase 1. Collecte des revendications - du 30 janvier au 3 mars 2019

Chaque citoyen était invité à exprimer ses revendications sur tous les sujets de son choix sans aucune exclusion. Pour ce faire, chacun pouvait s'exprimer en ligne et/ou à l'occasion de réunions locales qui pouvaient être organisées par tout un chacun.

Comme le conseille la Commission Nationale du Débat Public à la page 9 de son rapport, le Vrai Débat ne fait pas appel à des questionnaires dans cette phase de collecte des revendications.

9 thèmes ont été proposés afin de faciliter l'étape de synthèse :

1. Démocratie, Institutions
2. Transition écologique & solidaire, Agriculture & Alimentation, Transport
3. Justice, Police, Armée
4. Europe, Affaires étrangères, Outre-mer
5. Santé, Solidarité, Handicap
6. Économie, Finances, Travail, Comptes publics
7. Éducation, Jeunesse, Enseignement supérieur, Recherche et Innovation
8. Sport, Culture
9. Expression Libre & sujets de société

Les propositions pouvaient être amendées et les votants pouvaient justifier leur vote (favorable, neutre ou mitigé) par un argument ou une source.

Phase 2. Synthèse des revendications - du 4 mars au 7 avril 2019

Toutes les propositions ont été triées grâce à des outils d'analyse textuelles (notamment lexicométriques et textométriques) et de visualisation.

Cette tâche complexe a été effectuée par :
- L'Institut des Systèmes Complexes de Paris Île-de-France (ISC-PIF : CNRS, UPS 3611) qui étudie également les données du Grand Débat National et s'applique à proposer de nouvelles formes d'exploration de ces corpus.
- Le Laboratoire d'Études et de Recherches Appliquées en Sciences Sociales (LERASS) de l'Université de Toulouse 3.
- Le Laboratoire Triangle de Lyon (CNRS, UMR 5206).

Les outils numériques permettent de dégager des ensembles de propositions, dont la lecture est indispensable pour en restituer la cohérence et identifier les grandes tendances.
En se concentrant par exemple sur un « socle programmatique » d'un millier de propositions largement plébiscitées, le laboratoire Triangle a ainsi regroupé les revendications dans 4 blocs principaux :

1. Transformation du système politique
2. Renforcement du service public
3. Demande de justice fiscale
4. Revendications écologiques

Pour autant le travail n'est pas encore terminé, les chercheurs pourront mener des études approfondies des données de la consultation, en fonction des thématiques dont ils sont spécialistes, ce qui permettra de prolonger la réflexion.

Les documents de synthèse sont postés dans la section "Les synthèses" du site internet de la plateforme du Vrai débat.

Phase 3. Solutions co-construites via des Assemblée Citoyennes Délibératives - du 8 avril au 30 juin 2019

Après la récolte et la synthèse des contributions, le Vrai Débat organise des **A**ssemblées **C**itoyennes **D**élibératives (« ACD »). Une première série d'Assemblé se sont déroulées courant juin 2019 puis une seconde à l'Automne prochain. Ces dernières ont pour objectif de produire des Propositions Citoyennes de Loi portant, dans un premier temps, sur les thèmes portant sur les 1059 propositions les plus plébiscités de la plateforme.

Lors de ces assemblées qui réuniront une soixantaine de personnes, les délibérants alterneront séances plénières, et travaux en petits groupes, où ils élaboreront, accompagnés de facilitateurs, les propositions citoyennes de loi. Des garants veilleront à la transparence de l'organisation de ces assemblées.

Il est prévu d'organiser plusieurs ACD dans plusieurs villes sur le même thème. Pour que ces assemblées soient efficaces, elles sont précédées du "tutorat du citoyen", dont le but est de préparer les futurs délibérants à la discussion, et seront suivies du portage des propositions citoyennes de loi auprès des élus, ainsi que de leur intégration au tutorat, et de leur mise à disposition pour servir d'éléments de réflexion dans la fabrication d'un cadre de décision locale.

Ce processus a été mis au point par l'équipe du Vrai Débat, en collaboration avec Guillaume Gourgues, maître de conférences en science politique et spécialiste de la démocratie participative et Anthony Brault.

Toutes les informations liées à l'organisation de ces Assemblées sont disponibles sur le site internet du Vrai Débat et **Un appel à participation a été lancé pour toute personne intéressée de pouvoir y participer.**

3. Etudes et synthèses des propositions postées sur la plateforme (retranscrites sans reformulation)

> ### a) *Eléments de synthèse réalisés par le groupe de travail de Triangle (UMR CNRS 5206, Lyon) du 8 au 18 mars 2019*

Contenu

1 – Méthodologie (8 mars 2019)
2 - *Vrai débat:* ce que veulent les participant.e.s au *Vrai débat* (12 mars 2019)
3- « Ce qu'ils/elles ne veulent pas » : Le rejet des propositions au sein du *Vrai débat* (14 mars 2019)

I - Méthodologie

L'équipe de Triangle (UMR CNRS 5206, Lyon) a répondu favorablement à la demande de traitement des données issues de la plateforme du Vrai débat. Cet outil de démocratie participative a permis de constituer un document d'intelligence collective de premier ordre, qui se démarque du simple sondage d'opinion. En effet, avec plus d'un million de votes, 25 000 propositions et 93 000 arguments, il a permis à plus de 44 000 utilisateurs de s'exprimer librement.

En tant qu'équipe pluridisciplinaire, nous nous sommes mis d'accord pour appliquer une méthodologie en deux temps : à partir d'un premier traitement réalisable dans les temps impartis, dégager un socle programmatique, puis différents parcours de lecture possibles.

1) Dégager un socle programmatique: il s'agirait de sélectionner les propositions les plus consensuelles (un millier environ), en combinant deux critères : a) un score (le nombre de votes favorables moins le nombre des votes défavorables et mitigés) ; b) un pourcentage significatif de votes favorables. L'intention des Gilets jaunes est de faire de ce premier socle programmatique le point de départ de conférences délibératives. Cette première sélection pourrait être pondérée par une exploration textométrique (logiciel TXM) du reste du corpus qui permettrait de vérifier la cohérence des tendances dégagées. A cette occasion, nous pourrions relever également les points faisant l'objet d'un consensus négatif (comme l'a fait le *Huffington Post* au sujet de la suppression du mariage pour tous et du rétablissement de la peine de mort).

2) Parcours de lecture outillée : grâce aux outils d'analyse statistique (Iramuteq) et textométrique (TXM), les chercheurs pourront lire le corpus. Après avoir identifié des thématiques et regroupé les textes qui les expriment dans des sous-ensembles documentaires, il s'agira de « zoomer » sur certains thèmes et d'utiliser les outils pour explorer le corpus (vérifications de fréquences, comparaison des contextes d'énonciation). Ces sous-ensembles documentaires pourront être rendus disponibles en ligne pour toute personne désireuse de contribuer à l'analyse.
À partir de là les chercheurs tenteront de rédiger une première interprétation, sous la forme de textes courts qui pourraient être également utiles pour l'organisation des conférences délibératives – en particulier, pour le choix des thématiques et des conférenciers.

Nous envisageons de proposer des parcours de lecture sur la question des revenus, des privilèges, de la représentation politique, etc – cette liste n'est évidemment pas exhaustive.

II Analyse des propositions - ce que veulent les participant.e.s au *Vrai débat*

Ce **premier parcours** de lecture effectué par le Groupe de Travail Gilets Jaunes de Triangle (UMR CNRS 5206, Lyon) a été réalisé à partir des données de la plateforme du Vrai débat.

Cet outil de démocratie participative constitue selon nous un document d'intelligence collective de premier ordre, qui se démarque du simple sondage d'opinion. En effet, avec plus d'un million de votes, plus de 25 000 propositions et 93 000 arguments, il a permis à plus de 44 000 utilisateurs de s'exprimer librement.

Méthode de travail : nous avons sélectionné les propositions les plus consensuelles en combinant deux critères : a) un score (le nombre de votes favorables moins le nombre des votes défavorables et mitigés) ; b) un pourcentage significatif de votes favorables. Avec cette méthode, nous déterminons un Top Mille (1059 propositions qui regroupent 390807 votes, 80% des votes sur les propositions ayant atteint au moins 85% de votes favorables et 43% de l'ensemble des votes, soit 898 000) puis un Top Cent (ces cent propositions regroupent 200 686 votes).

Après ce tri par score, nous avons lu et classé les propositions en partant d'une analyse minutieuse du Top 100, puis en vérifiant si le Top 1000 confirmait ou modifiait la première analyse.

Nous identifions **quatre grands blocs de revendication** :

1) les personnes qui interviennent dans le Vrai Débat veulent une transformation profonde du système politique ;
2) ils demandent le renforcement du service public;
3) ils portent une forte demande de justice sociale et fiscale et
4) ils ont une vision très nette de l'urgence des questions écologiques et climatiques.

Il faut noter une série d'autres thèmes qui, sans avoir le même caractère central que ces quatre blocs, dessinent des aspirations sociétales progressistes qui complètent le tableau: importance du système d'éducation, volonté de faire progresser l'égalité hommes-femmes, lutte contre les violences sexuelles, lutte contre la répression, droit à mourir dans la dignité.

Les propositions qui vont dans le sens du refus de l'immigration, du refus de l'Europe (frexit), du repli sur soi, du retour à l'ordre moral existent mais sont très minoritaires : contrairement à ce qui est trop souvent affirmé pour dénigrer le mouvement des Gilets jaunes, les participant.e.s au *Vrai débat* ne sont, dans leur très grande majorité, ni xénophobes, ni anti- européens, ni homophobes.

Présentons rapidement les quatre piliers du *Vrai débat* :

1. Transformation profonde du système politique. Trois points émergent clairement :

- Demande de la création d'un **Referendum d'initiative citoyenne (RIC)** dont il est souvent précisé qu'il doit pouvoir s'appliquer « en toutes matières »; cette demande va du simple énoncé « il faut créer un RIC en toutes matières » à des propositions élaborées avec des constitutionnalistes qui précisent les articles à introduire ou à modifier.

- Prise en compte du **vote blanc** et nul, présenté comme un moyen de remédier au désintérêt des citoyens pour les élections et souvent lié à la revendication d'élections à la proportionnelle ; les propositions vont de la seule nécessité de la prise en compte à la demande de l'annulation d'une élection où les votes blancs et nuls seraient majoritaires ; une proposition estime que la prise en compte proportionnelle des votes blancs ou nuls pourrait amener des citoyens tirés au sort à siéger au parlement.

- Volonté d'avoir des **élus irréprochables et sans privilèges**: on sent dans les nombreuses propositions qui concernent cet aspect une grande colère contre tout ce qui est perçu comme un privilège (les Présidents de la République étant particulièrement visés).

On ne ressent pas de refus du système représentatif en tant que tel, en revanche on trouve toute une série de propositions de réformes visant à **remettre les citoyens au coeur du système politique**. Par ailleurs, on relève une suspicion très forte de corruption et d'avantages indus qu'il faudrait supprimer. La question du contrôle des lobbies est présente et s'inscrit dans la même logique.

2. Renforcement du service public:

Plusieurs propositions insistent sur la nécessité d'arrêter son démantèlement, de renforcer les équipements qui font partie des **biens communs** perçus comme menacés. La demande d'un service public efficace et proche des citoyens est récurrente.

La demande de **proximité et d'égalité d'accès** s'exprime pour la santé (hôpitaux, maisons médicales, médecins), pour les infrastructures de transport (lignes ferroviaires et gares, autres transports en commun). Beaucoup de propositions demandent des **nationalisations ou des « re-nationalisations »** pour les autoroutes, les aéroports, le rail, les barrages hydrauliques, les mutuelles, les assurances, les secteurs de l'énergie, les compagnies de eaux et celles de récolte des déchets.

3. Demande de justice sociale et fiscale

Le titre (et la typographie) d'une des propositions résume l'attitude consensuelle sur la justice fiscale et la colère contre ceux qui fraudent : « Les gros payent GROS et les petits payent PETIT - lutter contre l'évasion fiscale ». Il y a une forte demande d'**équité** (proportionnalité, progressivité) et de **sanctions envers les fraudeurs**. La lutte contre l'évasion et la fraude fiscale, le retour de l'ISF sont présentés comme des revendications de justice mais aussi comme des moyens de **financer les mesures proposées**. Elle va de pair avec la revendication sur le CICE, dont est parfois demandée la suppression mais plus souvent encore la vérification d'effectivité : si ça ne sert pas à créer des emplois il faut récupérer les sommes avancées.

La question des **revenus** est clairement avancée sur la base de la revendication de justice sociale : indexation des salaires, des pensions et des retraites sur l'inflation, augmentation du SMIC, des retraites, des minima sociaux et de l'Allocation adulte handicapé (AAH), revalorisation des salaires pour les employés des EHPAD, les enseignants, les ATSEM, les personnels des hôpitaux, etc.

4. Des revendications écologiques très présentes

Contrairement à l'opposition rebattue entre « fin du mois » et « fin du monde », on observe une aspiration forte à la préservation de **l'environnement**, souvent conçu comme un **bien commun de toute l'humanité**.

Interdiction de l'emploi du glyphosate ; soutien à l'agriculture bio ; sanction pour les entreprises pollueuses ; circuits courts ; interdiction des emballages non recyclables ou non biodégradables; stopper le projet minier « Montagne d'or » en Guyane (une des rares propositions qui concerne les DOM).

Ces revendications récurrentes et significatives sont porteuses, dans les domaines concernés, d'une vision renouvelée de la société et du fonctionnement politique. Elles sont réalistes, au sens où elles s'accompagnent d'un souci constant de faire apparaitre les possibilités de leur financement (voir notamment §3, justice fiscale). Elles indiquent des sentiments essentiellement constructifs : la colère qui s'exprime lorsque sont évoqués privilèges, injustices et fraudes sert ici à penser des solutions de transformation.

III - « Ce qu'ils/elles ne veulent pas » : Le rejet des propositions au sein du *Vrai débat*

Ce **second parcours** de lecture effectué par le Groupe de Travail Gilets Jaunes de Triangle (UMR CNRS 5206, Lyon) a été réalisé à partir des données de la plateforme du *Vrai débat*.

Pour rappel, cet outil de démocratie participative constitue selon nous un document d'intelligence collective de premier ordre, qui se démarque du simple sondage d'opinion. En effet, avec plus d'un million de votes, plus de 25 000 propositions et 93 000 arguments, il a permis à plus de 44 000 utilisateurs de s'exprimer librement.

Méthode de travail : nous avons choisi de prendre les propositions ayant eu au moins 50 votes et qui ont eu le plus fort taux de rejet. Avec un seuil fixé à 80 % de refus, le corpus comprend 103 propositions. Ces propositions sont portées par 83 auteurs (1 seul en porte 6, 1 - 4, 2 - 3 et 8 en portent 2) et totalisent 30 288 votes (3,5 % du total). Le graphique ci-dessous montre la distribution des propositions en fonction du nombre de votes et du pourcentage de refus. La moyenne et la médiane des pourcentages de rejet sont de 88%.
L'ensemble de ces propositions a été posté principalement dans 5 thèmes de la plateforme : Expression libre (18), Justice Police (15), Santé (15), Démocratie et institutions (12) et Sport Culture (10). Mais nous ne nous sommes pas appuyés sur cette classification en raison du fait que nombre d'entre elles ne correspondaient pas au thème dans lequel elle figurait. Aussi, après les avoir lues et taguées, nous les avons regroupées en 8 thèmes.

Ces thèmes correspondent donc à ce que les contributeurs-trices ne veulent pas, et nous verrons que ces rejets produisent dans l'ensemble une matière cohérente.

Même parmi certaines propositions, souvent portées par l'extrême droite, on note que certains thèmes sont très peu abordés, comme l'Europe, la religion et l'immigration. Ce qui laisserait à penser que les personnes qui participent au débat ne s'expriment pas en tant que membres d'un parti politique mais de manière individuelle. L'islam, par exemple, n'est évoqué que sur son financement;
 l'Europe sur son drapeau (rejet d'un chauvinisme européen mais pas de l'Europe comme institution, etc).

Revenons maintenant aux grands thèmes qui centralisent le rejet des contributeurs du Vrai débat, à savoir :

1. Droits individuels et mesures sociétales

La remise en cause du mariage homosexuel est la proposition qui a suscité le plus de votes (4371) et qui a été massivement rejetée. De même, le refus de l'avortement n'a eu que très peu de partisans. Cependant, la proposition favorable à la PMA a reçu un taux de rejet à plus de 85 %, ce qui montre qu'un rejet n'est pas toujours porteur de progrès. Ce thème des Droits individuels regroupe plus de 7000 votes (24 % du sous-corpus).

2. Répression, autoritarisme et ordre public (23 % du corpus)

Dans la catégorie du rejet unanime, la ré-instauration de la peine de mort (3800 votes) figure en bonne place. Le mouvement social et plus spécialement celui des Gilets jaunes, qualifié de séditieux, d'antidémocratique, de putschiste etc., est violemment attaqué avec pas moins de 10 propositions (1700 votes). Mais, là aussi, le rejet de ces propositions réactionnaires est massif (91 %). Ces dernières vont de pair avec une demande de port d'armes et l'établissement de la censure ... même citoyenne.

3. Un désengagement de l'Etat (16 % du corpus)

Dans ce thème, 3 sous-thèmes se dégagent. Tout d'abord, le refus des privatisations des services publics (y compris la police et l'armée) et de la disparition du statut de fonctionnaires est au coeur des revendications. Ensuite, tout ce qui touche à la fin de la prise en charge de la santé et de l'assistance ne trouve pas non plus d'adeptes. Toutefois s'expriment ici des limites car, par exemple, la prise en charge à 100 % du handicap est rejetée à plus de 94 %.

4. Démocratie et institutions (8 % du corpus)

L'opposition au Référendum d'initiative citoyenne (RIC) qui s'exprime dans 4 propositions provoque une levée de boucliers (+ de 2000 votes). Elle est balayée à l'unanimité. L'abolition de la République et l'établissement d'un suffrage capacitaire (en fonction des capacités intellectuelles), si elles sont peu discutées, sont tout autant rejetées à 93 %.

5. La suppression des institutions culturelles (6 % du corpus)

Au moins 4 propositions traduisent un certain mépris de la culture incarnée par le ministère éponyme ou les musées, accusés de dilapider les deniers publics. Là aussi, le rejet est massif (89 %). La défense de la culture s'exprime également à travers le refus d'une remise en cause du statut des intermittents du spectacle.

6. Écologie et politique énergétique (4 % du corpus)

La demande de construction de nouvelles centrales nucléaires pour « permettre la transition l'électrique » et l'envoi des déchets radioactifs dans l'espace essuient un refus sans appel (90 %) tout comme l'exploitation du gaz de schiste. La sensibilité écologiste s'exprime ici pleinement.

7. Travail et retraites (4 % du corpus)

La vieille revendication pour un retour aux 39 heures (+ de 1000 votes) et une défiscalisation des heures supplémentaires ne trouvent pas d'adeptes, pas plus, d'ailleurs, que le recul de l'âge de la retraite pour les personnes en pleine santé.

8. Une école plus « libérale » (4 % du corpus)

L'école suscite beaucoup de débat et de propositions. On retrouve ici des thèmes chers à la droite comme la défense de l'enseignement privé ou le couplage avec les entreprises. Le rejet est clairement exprimé (90 %).

Enfin, dans une sorte de groupe multi-thématiques, se mêlent nombre de propositions qui frisent la provocation comme le non-retour à l'ISF. Toutes sont rejetées massivement.

Il y a une véritable cohérence dans ces refus. Il n'en reste pas moins que parfois, les textes explicatifs rendent la compréhension de la revendication difficile à déchiffrer. Elle peut partir d'une demande de justice et se traduire par des mesures discriminatoires. Il faut donc rester prudent sur l'interprétation qui ne se base ici que sur le titre et le texte explicatif de la proposition.

B) *Rapport scientifique préliminaire d'analyse du « Vrai Débat » - 27 mars 2019- Laboratoire d'Études et de Recherches Appliquées en Sciences Sociale – Université de Toulouse*

Pascal Marchand, Brigitte Sebbah, Julie Renard, Guillaume Cabanac, Laurent Thiong-Kay, Natacha Souillard, Lucie Loubère - www.lerass.com

Une plateforme en ligne déployée le 30 janvier 2019 en parallèle et concurrente de celle, plus instituée et plus médiatisée, du « Grand débat national ». Une arène dédiée à la consultation sur les préoccupations des citoyens qui a davantage circulé dans les réseaux de Gilets jaunes que dans les médias ou les relais plus institutionnels. Une consultation dont les résultats laissent voir, plutôt qu'un recueil d'opinions ou un déballage d'intérêts hétéroclites et peu structurés, un nouveau répertoire d'actions de la part d'un mouvement ou de ses sympathisants. Au-delà d'un simple porte-vue d'opinions, ou un recueil thématisé de sondages à peu de frais, les contributions visent à établir une négociation, voire à l'imposer. Identifié par la CNDP puis sollicité par le collectif qui diligente le « Vrai débat », notre collectif de chercheur(e)s de l'Université de Toulouse1 a réalisé l'analyse complète de la base de données et propose ici son interprétation préliminaire2. Sans nuages de mots ni Intelligence artificielle (IA) ajoutée.
Liminaire

Parallèlement au « Grand débat national » un groupe de « citoyens Gilets jaunes » a pris l'initiative d'une autre consultation : c'est le «Vrai débat», dont le site est hébergé par Cap Collectif, la même plateforme que le « Grand débat national », et il a pris n le 3 mars dernier, deux semaines plus tôt.

La méthode de ce «Vrai débat» est différente de celle du «Grand débat». Globalement, elle a cherché à respecter au maximum les préconisations de la Commission nationale du débat public.

La consultation s'est déroulée du 30 janvier au 3 mars 2019 et les contributeurs devaient s'inscrire sur le site en renseignant leur e-mail. La communication autour de sa mise en œuvre s'est principalement effectuée via les pages Facebook des Gilets jaunes, plus rarement via les médias (sur une période de trois mois, le rapport est de 800 articles mentionnant le «vrai débat» contre 64 000 pour le «grand débat»). Il est donc possible que les contributeurs soient majoritairement des « sympathisants Gilets jaunes ». Les statistiques rapportées ici sont relatives à la base de données du 04/03/2019. 44 576 identifiants d'utilisateurs sont inscrits sur le site du « Vrai Débat », on relève 25 229 propositions, 92 289 arguments, qui ont généré 898 790 votes.
Sur la plateforme, le «Vrai débat» a été découpé en neuf sections. À l'intérieur de chaque section, on distingue des « propositions » et des « arguments », lesquels peuvent être enrichis par des partages de diverses ressources informatives (vidéos, articles, etc.). Les propositions peuvent être évaluées par un vote (« pour », «contre», «mitigé») et les arguments par un «aime» (like). Le site du «Vrai débat» permet donc déjà d'obtenir, à l'intérieur de chaque section, un bilan des propositions les plus votées ou les plus commentées. On constate à ce titre que les propositions les plus anciennes sont les plus votées et il s'agirait peut-être d'un effet «boule de neige» que l'on pourrait résumer de la façon suivante : «le vote appelle le vote».

Méthodologie et Corpus

Nous avons mobilisé nos compétences textométriques pour classer et cartographier le vocabulaire de l'intégralité des contributions au « Vrai débat », extraire des arguments significatifs, définir des profils de locuteurs ou de contextes (selon les informations disponibles). Nous avons extrait, de la base de données disponible, les textes des contributions et quelques données contextuelles (date, votes, etc.). Nous utilisons ici Iramuteq (http://www.iramuteq.org) qui est un logiciel libre de textométrie, développé par Pierre Ratinaud au sein du Lerass et avec le soutien du Labex SMS (ANR-11-LABX-0066).

En première analyse, on comptabilise 119 116 textes (de 59 formes lexicales en moyenne) représentant 7 007 985 occurrences (71 523 formes distinctes ; 37 517 hapax, soit 52.45 % des formes). La proportion enlevée d'hapax, de mots non reconnus et l'examen de la liste permettent de penser qu'il y a un nombre important de fautes de frappe. C'est relativement habituel dans les corpus issus du Web et une correction devra être envisagée pour valider définitivement les résultats.

Ici, c'est l'algorithme de «classification hiérarchique descendante», défini et publié par Reinert en 1983, qui sera principalement utilisé. Il s'agit, à partir d'un corpus pouvant atteindre plusieurs dizaines de millions de mots, de construire une matrice croisant le lexique (sur lequel sont opérées un certain nombre d'opérations linguistiques automatisées) avec des textes ou des segments de textes (définis automatiquement). Chaque case de cette matrice est automatiquement codée selon la présence (1) ou l'absence (0) d'une forme lexicale dans un texte ou segment. La succession des 0 et 1 dé nit des « profils » de formes et/ou de segments. L'algorithme original permet de regrouper en classes les segments dont les profils sont semblables et de les décrire, non seulement par les formes lexicales corrélées (dendrogramme), mais également par les caractéristiques des locuteurs, si elles ont été codées (métadonnées telles que des variables socio-catégorielles, psychosociologiques, chronologiques, sources...).

Ce sont ces classes calculées automatiquement qui sont ensuite décrites et interprétées en mobilisant la connaissance que les analystes peuvent avoir du contexte et surtout des théories en Sciences Humaines et Sociales les plus pertinentes.
Nous avons considèré ici une classification en 14 classes (87 % des segments classés). La poursuite de l'analyse en conservant les 24 000 formes de fréquence supérieure ou égales à 3 confirme les grandes classes ci-dessous, mais fait apparaitre de nouvelles classes, relativement petites par rapport aux grandes tendances décrites ici, mais qui pourront être approfondies ultérieurement.

LES RÉSULTATS DU VRAI DÉBAT
Qu'est ce qui caractérise les contributions?

Le Vrai débat : Une négociation argumentée, pas un déballage

On a entendu beaucoup de choses sur les manifestants «Gilets Jaunes» : «Pro peine de mort», «anti mariage pour tous», «dégagisme», «xénophobes», «souverainistes», «peu instruits»,

«violents», «complotistes»... Autant de qualificatifs que nous avons cherché à investiguer dans notre corpus du Vrai Débat a n d'en déceler des traces ou des points d'appui tangibles. Pourtant, l'analyse lexicale des contributions, la quantité (pour rappel, 92 289 arguments énoncés) viennent contredire ces jugements. Les nombreuses propositions ont été étayées, voire pour certaines amendées et argumentées, de façon structurée et documentée (partage de ressources informatives nombreuses et plurielles). On peut toutefois amener quelques nuances. Si l'on peut parler d'une certaine pluralité énonciative sur les votes (23,8 % des utilisateurs ont voté 0 fois, 4,1 % des utilisateurs ont voté 100 fois ou plus), concernant les propositions et les arguments les pro- pos sont à nuancer. En effet, 1 % des utilisateurs ont écrit 35 % des propositions et 44 % des arguments : il y a donc, comme c'est souvent le cas sur le Web, des formes d'activisme que des études ultérieures pourront mieux décrire. On note néanmoins que 8445 utilisateurs ont fait des propositions (soit 18 % des utilisateurs) et que le plus fort contributeur a fait 210 propositions.

L'impression d'ensemble qui se dégage des contributions est celle d'un débat de bonne qualité argumentative : peu de registre émotionnel, peu de vulgarité, un effort de synthèse. Certaines propositions font l'objet d'un consensus majoritaire tandis que d'autres donnent lieu à davantage de désaccords, qui s'expriment par les votes, le contenu des arguments et les manifestations d'adhésion (« aime »).

S'agissant de la violence et contrairement à ce que nous pouvions observer dans d'autres situations (comme le Traité de constitution européenne et, surtout, le Grand débat sur l'identité nationale), il y a peu d'invective et de marqueurs agressifs (même si on note de l'ironie, de la moquerie, voire du cynisme). De ce point de vue, le Web n'a pas été le déversoir de haine et de vulgarité (insultes, propos haineux) que l'on présente souvent sous prétexte d'anonymat, et ces mêmes caractéristiques ne sont pas non plus imputables aux contributeurs : les contributions du Vrai débat s'inscrivent dans une démarche délibérative de qualité.

La qualité argumentative ne repose pas sur des « idées toutes faites ». En effet, il n'y a pas, non plus, et c'est rare, de classe structurée par des noms de personnalités politiques, nous aurons l'occasion d'y revenir. Soit ces personnalités sont citées dans plusieurs thématiques (Macron, Sarkozy...), soit sont citées pour une raison particulière (Taubira, Trump...), soit sont très peu citées. On ne trouve donc pas beaucoup de traces de politique «politicienne» dans le Vrai débat, qui semble tenir sa promesse de débat de fond. Des semaines de rencontres sur les Ronds-points, mais aussi le traitement médiatique qui a pu leur être réservé, ont sans doute fait mûrir ce mouvement, et les retours d'expérience leur ont donné une identité et un cap et confirmé leur stratégie. Cette éthique de responsabilité s'exprime sur la forme, par un autocontrôle et une modération des propos, et sur le fond par un rejet des idées populistes et le témoignage d'une compétence voire d'une expertise politique dans l'analyse et la recommandation, qui va à l'encontre de certains stéréotypes.

Les positionnements politiques du «Vrai-débat» placent donc la négociation au-dessus du débat d'idées, que l'on penserait fondateur de la démocratie, mais dont les formes parlementaires ne suscitent que défiance et hostilité. L'appropriation des idées par les partis politiques et des actions par les élites technocratiques ne laisserait plus de place à l'initiative citoyenne : il s'agit de reprendre le contrôle, du niveau régional au niveau européen, et d'imposer la négociation sur une série de thématiques.

Le débat n'est alors qu'un moment vers l'instauration d'un nouveau rapport politique plutôt qu'un nouveau régime et les contributeurs du Vrai débat se présentent comme des négociateurs davantage que des requérants laissant apercevoir les contours d'une éthique de responsabilité revendiquée.

Les Gilets jaunes sont-ils «radicalisés»?

C'est une affirmation souvent entendue de la part des commentateurs politiques et médiatiques, notamment après les violences survenant lors des manifestations.
Les rhétoriques radicales sont étudiées, dans des contextes de radicalités diverses, et on y trouve des constantes : un sentiment d'humiliation ou de «privation relative», une identité exclusive associée à des imaginaires stéréotypes, des référents idéologiques qui s'expriment de façon figée, quasi rituelle, une mise en cause des valeurs dominantes fondamentales (liberté, démocratie, développement personnel...).

Rien de tout cela ne s'observe sur le site du Vrai débat. Le «nous», par exemple, loin d'être une référence à un groupe d'appartenance ou de référence, se retrouve surtout dans la classe de l'Europe pour se rapporter, soit à la France, soit au peuple. La mention des «gilets jaunes» se retrouve dans la classe (11) du RIC, pour la question de leur organisation propre, de la possibilité de se structurer en mouvement politique, et dans la classe Police-Justice (3) dans des contextes de positionnement vis-à-vis des violences durant les manifestations. «Nous» et «Gilets jaunes» ne se retrouvent donc que rarement liés entre eux. Lorsqu'on les trouve dans la même classe c'est avec la forme «GJ», mais c'est dans un contexte lexical proche de l'oralité et dans une acception plus globale (« regarder autour de nous », « où est-ce que cela va nous mener ?», «mouvement des GJ»...).

Aucun des indicateurs rhétoriques de radicalisation n'apparait donc dans le Vrai débat. Quant aux thématiques généralement cataloguées d'extrême droite (peine de mort, mariage homosexuel...), on a vu qu'elles étaient massivement rejetées et provenaient sans doute d'opérations d'infiltration du débat par des groupes constitués. Ainsi, des positionnements idéologiques concernant l'abolition du «Mariage pour tous» et le retour de la peine de mort sont évoqués, mais les arguments attirent massivement un vote «contre». Par exemple, pour la proposition de rétablissement de la peine de mort, on peut souligner qu'elle a donné lieu à plus de 80 % de votes «contre», ce qui est exceptionnel compte tenu de la tendance signalée plus haut à voter «pour». Loin des idées reçues concernant de supposés positionnements idéologiques de Gilets jaunes, nous n'avons pas trouvé de posture ni d'arguments anti-immigration, pas de rejet non plus des acquis sociaux.

Les modalités de la négociation

Pour une négociation

À rebours des dispositifs «on line» ou «off line» de débats voulus par Emmanuel Macron, cette consultation en ligne laisse voir une autre priorité : établir les termes de la négociation pour permettre aux débats d'émerger dans des conditions nouvelles et plus démocratiques par la suite. C'est donc un retour à la table des négociations qui est ici demandé majoritairement, et la présence significative des termes « négocier » et «négociations» en atteste. Les séries d'arguments délivrés sur la plateforme viennent révéler un processus de négociation porté non seulement sur les termes, les moyens de sortir de l'impasse, mais aussi les interlocuteurs, telle que la classification hiérarchique descendante nous permet de l'appréhender. Prises dans leur ensemble, les diverses contributions ont une portée plus profonde qu'un débat d'idées ou l'expression de doléances : les thèmes proposés par les sections, mais aussi dans l'expression libre portent sur des sujets allant de la refonte des institutions à la façon d'entreprendre la transition écologique. En ce sens, le dispositif n'est pas «participatif» au sens d'une simple consultation dont le périmètre serait borné et décidé par les gouvernants au gré de l'agenda politique. En cela, l'initiative même du Vrai débat témoigne de la cristallisation d'un rapport de force dans l'espace public.

En ce sens, on peut considérer qu'il s'agit d'un dispositif « agissant », « efficient » qui met en avant le motif de la participation plus que le fait de participer, sans se cantonner à son caractère symbolique ou cosmétique dans la construction de l'action publique.

La fin de l'homme ou la femme providentiel(le) en politique

Une forte croyance dans les mécanismes institutionnels, dans la juste balance des pouvoirs parait ici s'ex- primer, comme en témoignent les classes portant sur la refonte du système politique sur lesquelles nous reviendrons ci-après. Cette confiance dans les vertus des institutions politiques régies par des règles et des procédures spécifiques, qui sont certes à refondre, conteste par la même, de façon assez nette et large la figure centrale sous la 5ème république, d'homme ou de femme providentielle, et propulse le citoyen au cœur de l'administration et de la législation qui entourent le débat public.

Cette observation s'appuie sur un constat : par comparaison à d'autres consultations, et notamment au Grand débat sur l'identité nationale, il n'y a pas de classe structurée par des noms de personnalités politiques. E. Macron est le plus cité (2 471) et il apparait dans plusieurs classes (par significativité décroissante : 6, 12, 13, 11, 4, 2). N. Sarkozy (329 + 79 « Sarko » + 48 « Sarkosy »), est cité dans la classe 11 en lien avec le Traité de Lisbonne. C. Taubira (205) est citée dans la classe 3 sur la réforme de la justice. D. Trump (200) est cité dans la classe 2. A. Benalla (196) est cité dans les classes 12 et 3 sur les réformes politiques et judiciaires. L'économiste Bernard Friot (164) est cité dans la classe 10 en lien avec les salaires. V.-G. D'Estaing (160) est cité dans les classes 11, 14, 10 et 12. J. Chirac (143) est cité dans les classes 11, 12, 13 et 6. Le seuil de fréquence choisi pour l'analyse ici présentée (3000 mots les plus fréquents), masque d'autres noms propres mentionnés dans les contributions : Le Pen (115), Castaner (104), Jouanno (104), Juppé (92), Fillon (88), Merkel (75), Chouard (68), Mitterrand (67), Mélenchon (52), Balkany (48), Villepin (43), Cahuzac (42), Drouet (33), Edouard Philippe (31), Nicolle (20 + 3 « Fly Rider »), Levavasseur (10), Chalençon (4), Mouraud (4), Ludosky (3), Cauchy (1)… Les personnalités politiques sont mentionnées dans plusieurs classes soit sur des sujets précis, mais pas en tant que garants ou représentants, il n'y a pas non plus de mise en avant des porte-parole médiatiques par les contributeurs.

La mobilisation de ces noms propres dans des contextes lexicaux variés peut permettre alors d'avancer l'hypothèse que la légitimité des représentants politiques est remise en question, ils ne sont pas présentés comme détenteurs d'une autorité supérieure qui leur conférerait le monopole de la parole politique légitime. Celle-ci se trouve considérablement amoindrie dans bon nombre de contributions et leur «amateurisme», les transactions collusives de certains sont d'ailleurs soulignées majoritairement. La classe politique est ainsi taxée d'incompétence, arguments à l'appui, pour assurer la sécurité de l'offre de vie quotidienne, la liberté et l'égalité des citoyens. Les citoyens apparaissent alors comme la dernière figure collective légitime afin de rediscuter le contrat social de départ.

« je réponds ici à l argument remettant en question la compétence du peuple a écrire une constitution je pense que les gens incompétents vont simplement exprimer leurs désirs ce qui est déjà un pas en avant pour la démocratie»

« bien sur il faut que le peuple puisse être à l origine de décisions, mais à condition que le débat soit clair les informations vérifiées voir le brexit et à l abri de manipulations voir trump et que le vote réponde à la question posée »

Les citoyens, négociateurs responsables

Négociateurs du contrat social plutôt que témoins, victimes ou requérants charriant des doléances, nos résultats témoignent du fait qu'un rapport de force s'est cristallisé au fil des mois. Le dispositif du « Vrai débat » ne confère pas aux contributeurs un simple rôle de « consulté », mais un statut de négociateur légitime, fort d'une expertise citoyenne et d'une lutte de plusieurs mois. L'objectif n'est dès lors plus de formuler des doléances, mais les termes de la négociation à venir. Le Vrai débat vient leur donner l'occasion de reprendre les rênes de l'agenda politique en affichant leur statut d'acteur public souverain, de citoyen. À une conception de la participation citoyenne fondée sur «l'empowerment», les principes méritocratiques d'une responsabilité qui serait avant tout individuelle, viendrait s'opposer une vision de la participation citoyenne fondée sur les principes d'émancipation collective. En outre, le citoyen ici semble se lire comme attaché à la démocratie, aux libertés qu'elle offre et à ses mécanismes institutionnels, au lieu de s'attacher à un sol, à un drapeau, à des coutumes, voire à un éthos identitaire. Mais si la voie de l'émancipation est collective, c'est bien l'expérience personnelle et individuelle qui ancrerait et justifierait en partie le degré d'expertise de chacun, et qui fait émerger la posture du négociateur-citoyen. La compétence politique revendiquée dont témoignent les arguments en ligne est affichée en ce sens au travers des pistes proposées.

« transférer toutes les aides de l agriculture non bio vers l agriculture bio à court terme transférer toutes les aides de l agriculture non bio vers l agriculture bio dans un délai de 4 ans en cohérence avec le développement de l agriculture bio et la disparition progressive de l agriculture non bio »
« empêcher les entreprises ayant des filiales dans les paradis fiscaux d'accéder aux marchés publics réprimer la fraude fiscale en sanctionnant les banques et les cabinets d audit qui la favorisent »

« séparer les banques de dépôt et d investissement au vu de la dernière crise financière de 2008 »

« l'ISF n a plus de sens si on supprime les niches fiscales et l optimisation fiscale les plus riches paieront ce qu'ils doivent on peut même créer des tranches supplémentaires pour lisser l'impôt sur le revenu après ils feront ce qu'ils veulent de ce qui leur reste »
Le rééquilibre des pouvoirs, la demande pressante d'une réponse politique, la redéfinition des termes du contrat social, autant de pôles centraux dans ce Vrai Débat. Les contributeurs ne cherchent pas à s'inscrire dans une ligne partisane ou idéologique ou dans les corps intermédiaires de façon large. Il s'agit davantage d'entériner une rupture et une demande pressante d'une souveraineté du peuple et de mécanismes institutionnels redéfinis, régulant et contrôlant en partie l'action publique et ceux qui la diligentent.
Le rééquilibre des pouvoirs, la demande pressante d'une réponse politique, la redéfinition des termes du contrat social, autant de pôles centraux dans ce Vrai Débat. Les contributeurs ne cherchent pas à s'inscrire dans une ligne partisane ou idéologique ou dans les corps intermédiaires de façon large. Il s'agit davantage d'entériner une rupture et une demande pressante d'une souveraineté du peuple et de mécanismes institutionnels redéfinis, régulant et contrôlant en partie l'action publique et ceux qui la diligentent.
Redéfinir et contrôler le pouvoir

Ce qui ressort des classes lexicales liées à la politique (6, 11, 12), c'est la méfiance à l'égard des institutions politiques actuelles et l'impératif de changement des représentations. Les partis politiques sont autant critiques

pour le fonctionnement sclérosé des partis traditionnels que pour l'amateurisme de nouveaux mouvements. Dans les deux cas, c'est bien la légitimité et la compétence des représentants de l'État qui sont rejetées. L'argument porte d'une part sur la réforme de la représentation parlementaire et de son élection, et d'autre part sur son activité.
Si l'élection reste le socle de la Vème République, c'est la forme qu'elle prend depuis de nombreuses années qui est rejetée. L'électeur est placé devant des alternatives qui ne lui permettent plus d'exprimer son choix, quand ce n'est pas une pression au vote utile qui assoit l'emprise des partis principaux désertes y compris par les militants. L'abstention n'est donc pas vécue comme un désintérêt pour la politique, mais comme un refus de choix biaisés. La prise en compte du vote blanc comptabilisé et invalidant, allant de pair avec un vote obligatoire, apparait donc comme une revitalisation de la politique.

« vote blanc reconnu et comptabilisé lors de la présidentielle. Existence d'un bulletin contre tous au second tour et si le nombre de tels bulletins excède celui obtenu par l'addition des 2 candidats annulation de l'élection et reconvocation des électeurs avec des candidats autres que les 2 précédents »

« si le vote est obligatoire avec sanction en cas d abstention les votes blancs auront une réelle valeur si les blancs atteignent 50 % il faut prévoir un processus d invalidation de l'élection et à la mise hors jeu des candidats du premier tour »

« Ce qui est rejeté, c'est l'idée qu'une fois élus, les représentants échappent au contrôle des citoyens. Election proportionnelle, non-cumul, contrôle de la rémunération, possibilité de révocation sont donc les leviers privilégies pour rétablir ce droit de contrôle »
«Assemblée nationale : députés élus à la proportionnelle avec au moins 50 % des députés tirés au sort parmi toutes les classes de la sociétés. Gouvernement élus par l'assemblée avec la possibilité de révoquer ces élus.»

«Assemblée nationale : députés élus à la proportionnelle avec au moins 50 % des députés tirés au sort parmi toutes les classes de la

sociétés. Gouvernement élus par l'assemblée avec la possibilité de révoquer ces élus.»

«Rien dans nos textes ne prévoit quelque indemnité que ce soit pour les élus nationaux après leur mandat députes sénateurs ministres et secrétaires d'état et président de la république. ce ne sont que des petits arrangements qu'ils se sont donnés eux mêmes »

La revendication d'un parlement plus restreint et plus proportionnel vise les deux chambres, mais le Sénat fait l'objet d'une discussion particulière : assemblée anachronique pour beaucoup, dont l'élection fait la part belle aux jeux opaques des partis traditionnels, il doit être voué à disparaitre ou à être transformé en profondeur. À noter que, pour certains, il a toutefois montré sa capacité d'opposition à l'exécutif dans les dérives de «l'affaire Benalla», signe d'un dysfonctionnement du politique.

Outre le changement dans le processus électoral et le contrôle des élus, c'est aussi sur le travail législatif que portent les revendications. Ce qui se traduit ici, c'est la volonté de contrôler le politique, de se substituer au politique, de redéfinir les règles du jeu, être décisionnaire. Il s'agit également d'éviter que le gouvernement et les parlementaires prennent des décisions contraires aux promesses qui les avaient fait élire et, plus généralement, aux intérêts du peuple. Le RIC apparaît ici comme contrôle des lois et du respect des engagements électoraux, mais aussi comme une revitalisation de la démocratie, via l'introduction de procédures directes de décision collective.

«Ensuite il conviendra d'instituer une nouvelle république conforme à la nouvelle constitution écrite par le peuple. le referendum d initiative citoyenne ric est certainement un outil très intéressant pour rendre la démocratie plus vivante »
On le voit, la contestation porte moins sur le système lui-même que sur la légitimité des élus, leur procès en compromission ou en incompétence. Ce qui est réclamé, c'est la possibilité d'avoir plus de confiance dans ceux qui portent des idées politiques ou des partis ou le pouvoir politique. Un système politique efficient et compétent doit être en capacité de prendre des

décisions légitimes dans la mesure où elles visent à assurer l'intérêt général. On y verrait donc l'expression d'une volonté d'assainir le système d'un mal endémique.

Il s'agit moins de la construction d'une nouvelle société (utopie) qu'une analyse du système tel qu'il fonctionne et de sa transformation pour augmenter/reprendre le contrôle (plus que la participation).
Des leviers sont alors identifiés pour relégitimer le système politique et particulièrement le contrôle par le peuple de façon directe et pérenne. S'il s'agit bien d'une volonté de modifier en profondeur certaines procédures politiques existantes, cette revendication ne renvoie pas obligatoirement à un changement de régime. Il n'y a peu d'appels à une 6ème République, ni réellement à une démocratie participative. Plutôt qu'une rupture, il s'agit davantage d'une renégociation pour redéfinir les termes du contrat social.

Pour la refonte du contrat social, pas pour le dégagisme

L'injonction d'une refonte du contrat social qui transparait de nos résultats s'incarne également par le biais d'un idéal normatif associé aux notions de transparence, d'éthique de responsabilité et d'efficacité de l'action publique. Elle laisse voir de façon assez nette également l'absence d'opinions significatives pour une pos- ture de « dégagisme ». La 5ème république est repensée pour mieux fonctionner, sous-entendant la possibilité qu'elle fonctionnerait mieux, davantage régulée et réordonnée.

Ce qui apparait parfois comme une démarche constituante est moins inspirée par une imagerie Révolutionnaire que par une aspiration à davantage de responsabilité pour les citoyens et les élus. Les contributeurs du Vrai débat ne semblent pas vouloir en finir avec les élus. On n'est pas dans le «dégagisme». Il n'y a pas de rejet de l'État ni de disparition de l'État. En revanche, il y a un rejet de la méritocratie au profit de la régulation collective.

On note que les « gilets jaunes » sont mentionnés dans ces classes quant à la question de leur organisation propre, de la possibilité de se structurer en mouvement politique, ce qui est massivement rejeté, car suspecté de compromission vis-à-vis du système critiqué et peu conforme à la volonté de nouveaux modes de participation et de contrôle. Les porte-parole des Gilets jaunes sont d'ailleurs parmi les noms propres les moins cités (de 1 à 33 citations).

À la veille des élections européennes : réformer ou quitter l'Europe ?

La question de l'Europe attire peu de contributions et des polarisations ambiguës. C'est un objet sur lequel les contributeurs sont partagés et on a parfois l'impression de revenir aux arguments du débat sur le Traité de constitution européenne (2005). On comprend mieux le positionnement à l'égard de l'Europe en le rapprochant de celui de la politique en général. Il n'y a pas autant de rejet identitaire qu'on pouvait s'y attendre. Quelques arguments significatifs promeuvent une Europe de la paix qui garantirait un équilibre mondial des «partisans du Oui». Globalement, il n'y a pas de traces significatives de sentiment anti-européen, mais un euroscepticisme dirigé contre le fonctionnement actuel des institutions européennes. La nécessité de réformer l'Europe apparait donc de manière centrale.
« même si l union européenne est à réformer et faire évoluer merci à la construction européenne qui a contribué à notre développement économique et qui a mis fin à des siècles de guerres fratricides entre pays européens 75 ans de paix en Europe ce n était jamais arrivé»

Mais la défiance est majoritaire. Le Frexit est revendiqué avec des votes favorables importants. Mais il apparaît souvent, comme un choix par défaut et surtout comme le moyen de faire pression pour négocier. Le Frexit est donc présenté comme une option non souhaitable (le cas du Brexit est largement pointé négativement), mais peut être nécessaire dans les conditions actuelles. Il est essentiellement fondé sur le caractère «irréformable» de l'Europe.
Certains peuvent même envisager le «Frexit» comme une mesure provisoire, le temps de construire une autre Europe avec une réforme en profondeur de la politique européenne, notamment sur les aspects institutionnels (commission et parlements peu lisibles et peu représentatifs), sociaux, fiscaux.

Les thématiques de la négociation : Redéfinition des priorités de l'agenda politique

Outre la refonte du système politique, les contributions du « Vrai débat » font émerger ou reformulent des en- jeux prioritaires, des thèmes pour ré-ordonner l'agenda politique. La focale est mise sur les thèmes suivants : l'écologie (classes 7 et 8), le système éducatif (classe 1), la justice fiscale, sociale ou judiciaire (classes 5 et 14, 9 et 10, 3). En cela, il s'agit de contribuer à la mise à l'agenda politique, voire même de livrer un nouveau référentiel en creux des propositions, et concurrent de celui vécu comme imposé, inégalitaire et inefficace.

Les questions environnementales : la transition agricole et énergétique pour la transition écologique

Les contributions portant sur les questions environnementales et les solutions en faveur d'une transition écologique concrète se structurent en deux axes complémentaires: la transition agricole et la transition énergétique. Ces deux axes apparaissent comme deux leviers pour mettre en œuvre de manière efficace et effective la transition écologique. Précisons que les propositions qui portent sur ce sujet sont très nombreuses dans le corpus, trois fois plus que celles qui portent sur l'Europe pour donner un ordre de grandeur.

Transports et énergies propres

En analysant des articles de presse écrite lors d'un rapport scientifique, nous avions montré que les angles des sujets traitant des Gilets jaunes insistaient beaucoup sur leur colère, leur ressentiment, et les conflits d'usage (hausse de la taxe carburant) en faisant croire à tort que la question environnementale les rendaient indifférents. L'analyse conduite sur le Vrai débat vient conforter ces premiers résultats. Ce sont des séries d'arguments qui viennent étayer des positions qui dépassent nettement la question du prix du carburant, que nous avons relevé de manière significative. En effet, concernant la question du transport, les contributeurs livrent un éventail de solutions présentées comme alternatives : voiture électrique, véhicules écologiques, transports ferroviaires, etc.

Ces solutions ne font pas nécessairement consensus, certains pointant la plus grande valeur écologique de certaines d'entre elles (« énergies nouvelles propres »).

« programmer une croissance du transport de marchandises sur rails et ferroutage énergie rétablir le service public intégral pour l ensemble des sources d'énergie gaz électricité hydraulique éolienne solaire nucléaire alimentation en eau »

« a moyen terme il faut continuer à assurer un socle de production en nucléaire tout en développant des énergies nouvelles propres maitrisées pas comme la voiture électrique actuelle ou les éoliennes dont fabrication et démantèlement sont un pb à grande échelle en termes d environnement »

Perçue comme nécessaire, la transition écologique apparait même comme un levier pour parer à la défaillance des services publics en zone rurale. Le désengagement de l'État et les disparités entre villes et zones rurales ou périurbaines est pointée comme la source de fortes inégalités et vient accentuer le besoin de transition écologique. Plus qu'un mot d'ordre, ou un mot valise, la transition écologique est in ne associée dans nos analyses à une dimension collective qui semble pouvoir la porter.

« ces mêmes transports urbains largement subventionnés pour les utilisateurs urbains, mais rien pour les moyens transports ruraux et sans voiture la campagne finira par aller grossir les villes »

« développer les petits transports en commun minibus trains ter afin d'inciter les gens à laisser leur voiture créer une prime au co-voiturage et au vélo à assistance électrique développer le ferroutage»

L'État et notamment les services publics apparaissent comme les garants de l'intérêt général en matière de transition environnementale. Il est désigné à la fois comme responsable et seul capable d'orchestrer cette transition :

arbitrage des choix, programmes, financement des énergies renouvelables, renationalisation de l'industrie énergétique, évaluation, etc.

« la transition énergétique du nucléaire et des énergies fossiles vers les énergies renouvelables doit se concevoir à la fois en termes de réduction de la consommation d'électricité notamment par un programme d isolation thermique du parc immobilier toutes catégories confondues et en termes de développement des parcs éolien »

« énergie favoriser les énergie non polluantes en co2 éolien en mer solaire nucléaire 60 maxi usine marée motrice hydrolienne car électricité non stockable pour l instant»

« nationalisation du bien commun et de l intérêt général renationaliser les entreprises qui ont été financées par l état et nationaliser celles qui produisent le bien commun comme par exemple l énergie l industrie pharmaceutique»

Une transition agricole pour une production bio et responsable

C'est un ensemble de dispositions qui sont proposées sous diverses acceptions afin de venir étayer les propositions en faveur de la transition agricole qui prédomine dans les contributions. Elles s'articulent d'une part autour de mesures favorisant une consommation locale, en circuits-courts, «bio» et éthique. Par exemple, de nombreuses contributions formulent l'urgence et la faisabilité « d'une France 100 % bio et locale ». D'autre part autour de la production dont on souhaite encourager le caractère écologiquement et socialement responsable. À l'appui de ces propositions des mesures d'encouragement ou de dissuasion financières sont détaillées.
« à coupler avec un système de tva fluctuante en fonction de l empreinte carbone du produit voire une taxe sur l empreinte nature pour pénaliser des produits certes locaux, mais bourrés de pesticides favoriser l agriculture et l élevage bio ainsi que l élevage de plein air»

« se diriger vers une France entièrement bio appliquer une taxe conséquente sur tous les produits alimentaires industriels issus de l agriculture intensive remise en intégralité à tous les agriculteurs-trices de petites structures qui appliquent une agriculture bio étiqueter clairement sur chaque produit alimentaire le niveau de toxicité autocollant avec graduation de couleur»

Une école pour tous à plus petite échelle

S'agissant du thème de l'éducation (classe 1), il est intéressant de noter que les contributions insistent surtout sur des mesures concrètes. Ces mesures, non négociables, paraissent susciter un consensus généralisé. Elles répondent à un certain nombre de constats sur la nécessité de renforcer l'école publique. Il ne s'agit pas de la considérer exclusivement sous un angle budgétaire, mais de proposer des solutions pour garantir les missions d'un service public éducatif égalitaire et inclusif : diminuer le nombre d'élèves par classes, inclure et assister davantage les enlèves en difficulté et en situation de handicap, mener une réflexion en profondeur sur les programmes, revenir sur les rythmes scolaires en fonction des âges des élèves. Autant d'arguments qui plaident pour une refonte du système éducatif, un système plus flexible et plus adapté aux besoins des élèves, tout en participant d'une défense généralisée des services publics indépendamment des disparités du territoire.

« le handicap à l'école inclure les établissements spécialisés aux établissements scolaires tout enfant a droit à l école même à temps partiel réduire le nombre d enlèves à 20 par classe des éducateurs et professionnels formés aideront les enseignants dans la prise en charge du quotidien des enlèves handicapés»

« repenser l'école maternelle mettre en place un calendrier scolaire et des rythmes scolaires différents entre la maternelle le primaire et le collège les enfants de 3 ans n ont pas les mêmes besoins les mêmes aptitudes ou les mêmes capacités à apprendre que les enlèves de cm2 ou du collège»

« à l'école primaire la norme du nombre d'élèves par classe est entre 26 et 30 élèves voire plus au collège et lycée on arrive à 35 élèves par classe comment voulez vous travailler et mettre au travail les enfants dans ces conditions »

Plus de justice (sociale, économique, judiciaire)

La justice sociale

Les contributions les plus significatives convergent pour argumenter en faveur d'une revalorisation des salaires et des pensions ainsi que des retraites (classe 10). Dans cette classe lexicale, nous relevons très peu d'arguments dirigés contre des propositions qui sont faites. De la même manière, c'est « l'harmonisation » et la « simplification » et non la revalorisation des prestations sociales qui est souhaitée et argumentée. Ces mesures sont étayées par des séries d'arguments qui s'inscrivent dans la question plus large de la redistribution des richesses. En creux, la critique d'un système à bout de souffle, trop lourd administrativement et dont les défaillances pèseraient sur toute la société *in fine* et pas seulement sur certaines classes de population. En ce sens, l'analyse de la distribution sociale est conduite de manière diverse et symbolisée par des mesures telles que « le revenu universel » ou « le revenu d'existence » ou le « salaire minimum ». C'est principalement une revalorisation du travail qui est ici portée dans les propositions et les arguments. A contrario, sont dénoncés les avantages accordés aux hauts salaires, face à des salaires minimums jugés trop faibles, mais également le dysfonctionnement des retraites. Le souhait d'une « vie décente », « vie meilleure » pour toutes et tous apparait de manière centrale, venant à nouveau renforcer le constat de la trop faible rétribution du travail.

« harmoniser les minima sociaux RSA minimum vieillesse AAH allocations logement et le smic il s agit d harmoniser les minima sociaux RSA minimum vieillesse AAH allocations logement et le

smic pour que chaque citoyen puisse vivre décemment et soit encouragé à travailler»

« encouragement actif a la reprise du travail suppression de toutes les aides sociales chômage SNCF RSA pensions allocations retraites invalidités APL sécurité sociale et tous les autres machins pour fainéants pour vivre faudra bosser c est tout au boulot»
« simplifiez devant le nombre d aides sociales et leur inefficacité il est nécessaire de mettre en place un revenu minimum par personne qui remplacerait RSA allocations chômage allocations familiales etc»
« aides diverses si le salaire minimum était suffisamment augmenté plus besoins d aide en tout genre allocation familiale logement garde d enfant»

L'économie au cœur des revendications

Tour à tour, l'économie de manière générale, la fiscalité, les mécanismes budgétaires et organes de régulation de l'économie, sont mobilisés pour dénoncer les inégalités sociales et l'absence d'intervention de l'État. C'est une réorganisation des dépenses publiques et du système fiscal et bancaire, une régulation plus nette de l'économie de marché, une redistribution plus juste qui sont ici proposées et votées significativement de manière positive. En creux de ces propositions et de ce diagnostic, ils prennent acte de l'injustice et l'inefficacité du système économique actuel.

La question des banques et de la dette publique

Les banques privées apparaissent dans les contributions comme «responsables» de la dette publique. Les propos recueillis expriment une réelle critique des relations entre l'État et les banques privées et plaident pour une réhabilitation d'une Banque Nationale. Une politique du crédit plus juste est alors souhaitée pour que le poids de la dette ne pèse pas in ne sur l'ensemble de la population.

« séparer les banques de dépôt et d'investissement au vu de la dernière crise financière de 2008 ou comment transformer une dette privée en dette publique que nous avons du payer avec l argent des ménages il est plus qu'urgent que les banques n utilisent plus notre argent pour jouer sur les marchés»

« les banques privées qui prêtent à l état français ont emprunté l argent à la BCE à taux zéro puis exigent des intérêts cela nous coûte 45 milliards par an»

« Mobiliser l argent pour financer les petites et moyennes entreprises et la création d emploi créer un pôle public bancaire notamment par la socialisation de banques généralistes en vue de financer les entreprises et de mener une politique du crédit sur critères sociaux et écologiques»

« si l état au lieu de se financer depuis 30 ans sur les marchés financiers avait recouru à des emprunts directement auprès des ménages ou des banques à un taux d intérêt réel de 2 la dette publique serait aujourd'hui inferieure de 29 points de PIB soit 589 milliards à son niveau actuel»

« avoir une Banque Nationale permettrait de gérer l argent des impôts et de suivre les dépenses d états au plus près et plus juste lors d emprunts auprès des banques privées le revenus des entreprises d état seraient seuls autorisés au remboursement des dits emprunt et non l argent des contribuables»

La fiscalité

La question fiscale (classe 5) est essentiellement le moyen de dénoncer des inégalités dans le rapport à l'impôt et place le retour de l'ISF et l'intensification de la lutte contre la fraude des plus fortunés comme des principes de justice élémentaire. D'autres revendications sont néanmoins plus précises et témoignent d'une analyse des régimes fiscaux et des propositions pour les réformer. Parmi ces propositions «d'optimisation fiscale » on peut noter celles qui visent à accroitre la participation des hauts salaires, avec l'augmentation des tranches d'imposition, un impôt sur le revenu progressif comportant néanmoins un seuil d'imposition minimal pour tous les citoyens. La nécessité de renforcer la lutte contre les évasions fiscales avec entre autres, la suppression des niches fiscales, ou encore de taxer des transactions financières sont particulièrement évoquées. Les propositions en faveur de la baisse de la TVA semblent quant à elles plutôt se référer au pouvoir d'achat des ménages.

« L'ISF n a plus de sens si on supprime les niches fiscales et l optimisation fiscale les plus riches payeront ce qu'ils doivent on peut même créer des tranches supplémentaires pour lisser l impôt sur le revenu après ils feront ce qu'ils veulent de ce qui leur reste»

« et aussi pour que les ultra riches payent moins d impôts en supprimant ISF, flat tax, CICE, évasions fiscales, niches fiscales avec tout ce qui manque chaque année il y a au minimum 4 fois la dette française, l argent est là en abondance»

« sanctionner de peine de prison d amendes lourdes les entreprises bénéficiaires qui licencient sortir de toutes les niches fiscales remettre l ISF en augmentant le taux flat tax, taxe tobin étaler les tranches de l impôt sur le revenu sur 20 tranches»

« Oui, mais après avoir assainit certaines choses préalables obligatoires lutte efficace contre la fraude fiscale et sociale remise en cause des niches fiscales inefficace et inutiles impôt sur le revenu progressif 14 tranches rétablissement de l ISF»

«et aboutis à la situation actuelle de quasi rejet en premier lieu privilégier l'impôt sur le revenu aux taxes un IR progressif sans niches fiscales et payé par tous les citoyens avec un impôt minimum de quelques euros pour le revenu en dessous de la première tranche»

« justice fiscale et sociale supprimer la CSG, crsd casa rétablir la taxe d habitation pour tous, rétablir l ISF au delà de 2m d euros faire payer à tous l impôt sur le revenu»

La justice judiciaire/Police-justice

Cette classe (3), hétérogène en termes de contenu lexical, mériterait d'être largement approfondie. Quelques grandes tendances liminaires peuvent cependant être dégagées.
Il semble qu'il y ait eu un investissement particulier sur les sujets variés ici abordés. Cela s'explique en partie par la présence de propositions faisant l'objet d'un rejet majoritaire de la part des contributeurs telles que la suppression du « mariage pour tou-t-e-s ». La proposition de suppression de la loi autorisant le mariage homo- sexuel est la plus votée du thème « expression libre et société » avec 4283 votes dont 3504 votent contre cette suppression (ou pour le maintien de la loi).

De même concernant le rétablissement de la peine de mort : cette dernière fait l'objet de la proposition la plus votée du thème « justice, police, armée » et est votée majoritairement contre (2840 votes « contre », 499 votes «pour» avec 180 mitigés).

C'est également lié à une connexion plus forte de certains sujets ici abordés avec l'actualité médiatique et législative : l'affaire «Benalla» est ainsi invoquée pour dénoncer un dysfonctionnement, une collusion des systèmes judiciaire et politique, une justice à « deux vitesses ». À ce titre, l'affaire du « boxeur » (C. Dettinger) est utilisée pour dénoncer l'inégalité des peines encourues, selon que l'on est proche ou éloigné des cercles du pouvoir. Autre exemple parmi d'autres, les violences commises par les forces de l'ordre au cours des manifestations ou le récent vote controversé de la loi «anti-casseur» amènent à dénoncer la disproportion du dispositif de maintien de l'ordre. Ces contributions semblent ainsi traduire souvent un malaise vis-à-vis du fonctionnement des institutions politiques et judiciaires.

On note aussi que c'est dans cette classe que l'on trouve le plus significativement mention des «gilets jaunes»; dans des contextes de répression, de positionnement vis-à-vis des violences durant les manifestations, etc. Compte tenu de la teneur des contributions, nous nous attentions à ce que ce soit dans cette classe que l'on retrouve des traces d'un registre émotionnel, pourtant, a priori, ce n'est pas tout à fait le cas. Les contributeurs font davantage appel à la moquerie, l'ironie, le cynisme, en dénonçant une forme de mé- pris intellectuel chez les décideurs (ex : « On voit les celles »). Un effort de synthèse est manifeste dans les contributions ainsi qu'une insistance sur les droits et libertés, quitte à dire parfois que certains ont «tous les droits» tandis que d'autres s'en trouvent privés.

«Et pour le fun, a quoi sert Benalla quand il y a un service dédié »

« je vous invite à lire l exécution de badinter si tuer un homme est un crime comment la justice en recourant à la peine de mort pourrait elle être plus juste en commettant elle même ce contre quoi elle prétend lutter»

« recourir à des médiations de justice réparatrices entre victime et condamné pour que la victime se sente écoutée diminuer le recours à la prison en particulier pour les crimes non violents et privilégier les peines alternatives »

« une juste justice indépendante je ne trouve pas normal que les politiques pris la main dans le sac n aient que très rarement de lourdes peines je ne trouve pas normal qu'un benalla soit en liberté violences physiques avec des attributs de policiers quand un dettinger croupis en prison »
« organiser un contrôle constitutionnel de l'exécutif avec pouvoir de sanctions jusqu'a révocation respect absolu des droits de l homme interdiction de mensonges interdiction de pressions sur les députés ou sur la justice stricte séparation de pouvoirs etc »

«biensûr avec la peine de mort Mr patrick dills aurait aujourd'hui droit à une réhabilitation il serait super content si vous faites confiance à cette police qui mutile des manifestants et cette justice qui libère Mr benalla en maintenant mr dettinger en semi-liberté allez y »

4.Top 59 des propositions

Classement des 100 propositions consensuelles les plus favorables issu du top 1 059 dégagé par le laboratoire Triangle sur la base de deux critères : un score (nombre de votes favorables moins nombre de votes défavorables et mitigés) et un pourcentage significatif de votes favorables. Leur top 1 059 incluait alors 80% des propositions ayant atteint au moins 85% de votes favorables et 43% de l'ensemble des votes. Ensuite, lorsque que ça a été possible, les contributions similaires ont été regroupées en une proposition générale : c'est ce qui explique ce classement des 59 idées consensuelles qui ont le plus intéressé les participants de la consultation numérique du Vrai débat.

1# Suppression des rémunérations et privilèges de tous les élus (y compris le Président) après la fin d'un mandat

2# Mise en place du Référendum d'Initiative Citoyenne dans la Constitution (« RIC »)

3# Casier vierge pour les élus

4# Prise en compte du vote blanc ou nul en tant que suffrage exprimé et invalidation d'une élection s'il est majoritaire

5# Nationaliser les autoroutes amorties

6# Indexation des salaires et des pensions, arrêt de l'augmentation de la CSG et hausse du seuil de pauvreté au niveau du SMIC afin de revaloriser les pensions et retraites

7# Pénaliser et lutter contre l'évasion et la fraude fiscale

8# Supprimer le CICE ou le limiter aux petites entreprises et remboursement des sommes perçues s'il n'y a pas de création d'emploi et TVA réduite sur les produits qui en sont issus

9# Obliger les parlementaires à être présent lors des votes et retenues sur leurs indemnités en cas d'absence

10# Interdiction du lobbyisme au Parlement et dans les institutions

11# (Re)nationaliser les secteurs de l'énergie (électricité, gaz et eaux) et les services (collecte des déchets)

12# Aider financièrement les agriculteurs souhaitant passer en production biologique et TVA réduite sur les produits qui en sont issus.

13# Réduire le "train de vie" des élus : contrôler les dépenses, supprimer l'allocation et les avantages du conjoint du Président, diminuer le montant de remboursement des frais de campagne, diminuer le nombre d'élus, de ministres, de conseillers et assistants parlementaires, diminuer le nombre de commissions, suppression des primes dans la fonction publiques reportées sur le salaire. Suppression des privilèges accordés aux parlementaires. Tous les élus (du président au maire) sont payés au régime général.

14# Interdiction du LBD-40 et des grenades GLI-F4 pour le maintien de l'ordre, réaffirmer l'obligation pour les agents de police de rendre visible leur matricule

15# Taxer drastiquement les entreprises pollueuses afin de subventionner les autres

16# Interdiction du glyphosate

17# Retour de la consigne des bouteilles en verre, emballages recyclables ou biodégradables, suppression de la vaisselle et des conditionnements alimentaires en plastique et interdire le suremballage

18# Limiter le nombre d'élèves par classe

19# Baisser la TVA sur les produits de première nécessité mais surtout contrôler les marges des hypermarchés

20# Sortir du libre-échange mondial en revenant aux circuits courts et aux solutions locales

21# Arrêter de légiférer sur la production et la vente de semences paysannes

22# Sensibiliser les enfants contre les violences, notamment par la communication non violente

23# Suppression de l'alinéa 3 de l'article 89 de la Constitution qui permet d'éviter le recours au référendum en convoquant le Congrès du Parlement

24# Interdire les sondages politiques durant les campagnes électorales

25# Revoir l'ensemble des niches fiscales

26# Restaurer les petites lignes ferroviaires

27# Revalorisation du salaire des enseignants

28# Vente de médicaments à l'unité en fonction du besoin

29# Droit à la propriété de son corps et au choix de sa mort

30# Mettre fin au démantèlement des relais locaux des services publics et des services de santé de proximité

31# Stopper le projet minier "Montagne d'Or" en Guyane

32# Revalorisation des bases de remboursement de la Sécurité sociale pour l'optique, l'auditif et le dentaire

33# Augmenter fortement les taxes sur le kérosène

34# Donner à l'école le rôle de former des esprits critiques : favoriser l'auto apprentissage, le travail en groupe et la recherche active d'informations ainsi que les débats encadrés

35# Dépossession des milliardaires des médias afin de les rendre aux journalistes

36# Arrêter la monoculture et retourner progressivement à une agriculture responsable (permaculture ou agro écologie par exemple)

37# Taxer les transactions en bourse proportionnellement au temps d'investissement

38# Empêcher le pouvoir exécutif d'interférer dans la fonction de la justice: mise en place d'une cour suprême de juristes professionnels élus par des citoyens. Égal traitement de tous les citoyens devant la loi.

39# Diminuer le transport routier des marchandises et faire payer les transporteurs étrangers qui transitent par le pays

40# Suppression de l'immunité parlementaire

41# Égalité de rémunération entre les femmes et les hommes

42# Grand plan de sauvetage des espèces en voie de disparition contre l'extinction de masse en cours

43# Nationalisation des mutuelles et assurances pour une gestion publique

44# Création d'un seuil d'âge en dessous duquel un enfant ne peut pas être considéré comme consentant à une relation sexuelle

45# Mettre un terme au changement d'heure

46# Reconquérir les quartiers sensibles abandonnés à la délinquance

47# Revalorisation des emplois et conditions de vie des résidents dans les EHPAD

48# Formation obligatoire des forces de l'ordre contre les violences sexuelles

49# Demander un référendum "Êtes vous pour la convocation d'une assemblée constituante qui redéfinira comment le pays doit être gouverné ?"

50# Arrêt de la prise en compte du revenu du conjoint pour le calcul de l'AAH (Allocation aux adultes handicapés)

51# Mettre en avant les travaux d'intérêt général

52# Interdire la correctionnalisation des viols

53# Vaccination: imposer un retour des formules sans aluminium, expliquer et informer plutôt que de les imposer

54# Taxer les entreprises qui fabriquent avec l'obsolescence programmée

55# Justice fiscale et salariale face aux revenus et parachutes dorés des grands patrons

56# Mettre en pratique le manifeste des Stylos rouges

57# Stop à la suppression de postes dans la recherche publique et l'enseignement supérieur

58# Supprimer "parent 1" et "parent 2" des documents administratifs pour remettre "père" et "mère" selon loi de coparentalité

59# Interdire la destruction de denrées alimentaires comestibles

5. Comment et où s'informer au sujet du Mouvement des Gilets Jaunes. Comment participer aux différents projets ?

Le Mouvement des Gilets Jaunes a permis de mettre les pleins phares sur des dysfonctionnements de notre société bien connus et dénoncés par certains depuis des années. Il a permis de donner de la force, du courage à tous ceux qui n'osaient pas dire stop à des conditions de travail insoutenables, à des conditions de vie difficiles et de communiquer sur des causes ignorées jusqu'à lors ou il a permis à ceux qui le faisaient déjà de trouver la force de continuer à se battre. Il a permis de réunir des profils qui ne se côtoyaient pas avant de par leurs différences et qui aujourd'hui travaillent ensemble et mettent en place des projets de société avec toujours le même objectif : sortir de ce système, ne plus en être dépendant mais en être acteurs pour une vie meilleure.

Il est donc important de rappeler quels sont les quelques projets en cours nés de ce mouvement, visant à changer progressivement ce système brutal dans lequel nous vivons.

Sachant que malgré ce qui est en train de se passer : un mouvement populaire pour plus de justice fiscale, sociale, climatique et pour une vraie démocratie accompagnée de multiples grèves partout dans le pays (métropole et outre-mer), le Gouvernement refuse d'évoquer et tenir compte des propositions postées sur la plateforme du Vrai Débat mais aussi de répondre aux revendications des travailleurs. Il apparaît clair qu'il pourrait prononcer des mesures pour répondre aux sujets les plus brûlants et travailler sur le long terme pour ce qui concerne des sujets dont la faisabilité immédiate n'est pas possible. Le problème que nous avons, c'est qu'il n'en a pas la volonté.

C'est donc à nous de faire en sorte que notre mode de vie s'améliore, à nous de faire en sorte de superviser nos employés que sont les membres du Gouvernement, à nous de créer nos propres structures et organes de contrôles, à nous de changer nos habitudes de consommation, bref à nous de co-construire notre avenir.

Voici quelques projets en cours ayant cet objectif, nés pour la plupart du Mouvement des Gilets Jaunes :

Sujet de la Démocratie :

- *Collectif des « Gilets Citoyens »*

Site internet: https://giletscitoyens.org/
Page Facebook: @giletscitoyens
Page Twitter: @gilets_citoyens
Contact: contact@giletscitoyens.org

- Collectif informel créé en 2019 dans le contexte du mouvement social des "Gilets jaunes", du Grand Débat et des marches pour le climat. Il est composé de personnes qui, à l'origine, ont signé la lettre ouverte au Président de la République du 23 Janvier 2019 *"Réussir le Grand Débat National : pour un nouveau souffle démocratique"* rejointes ensuite par d'autres signataires et personnalités.

- Son rôle: Initialement, le collectif avait recommandé au travers de cette lettre ouverte, la mise en place d'une Assemblée de citoyens tirés au sort traitant de plusieurs grands thèmes (fiscalité, démocratie, écologie). Cette recommandation était assortie de d'une proposition d'y apporter un soutien en prenant en main sa mise en place.

- En réponse à cette recommandation, le 25/04/19 le Président a annoncé la création d'une Convention citoyenne de 150 citoyens tirés au sort qui traitera de la transition écologique (uniquement), ce qui a poussé le collectif a adapter son projet et à adresser au gouvernement ses recommandations et conditions de réussite afin que cette Assemblée/Convention citoyenne soit à la hauteur des enjeux connus.

- N'hésitez pas à suivre l'évolution de ce projet sur le site internet.

- *Le Collectif « Objectif RIC » :*

Page facebook: ObjectifRIC
Page twitter: ObjectifRIC
Contact: contact@objectif-ric.fr

- Objectif : proposer un texte de loi sur les modalités de mise en oeuvre et d'application du RIC (« Référendum d'Initiative Citoyenne ») dans le droit Français.

- Le collectif est composé d'experts en « Ateliers Citoyens », de militants pour la Démocratie directe, d'ergonomes, de spécialistes de la pédagogie et de citoyens et citoyennes avec pour objectif de créer ensemble un texte de loi sur le RIC d'ans les 8 mois, sur le modèle du Jury Citoyen.

- Le Collectif prend régulièrement contact avec des collectifs en France pour prendre connaissance de leurs projets et savoir s'ils peuvent trouver des points de convergence pour travailler ensemble.

- N'hésitez donc pas à prendre contact avec le collectif et pour participer à cette aventure, il est aussi possible de s'inscrire aux différentes phases de travail du projet via un formulaire mis à disposition sur les pages de réseaux sociaux mentionnées plus haut.

- *Les jardiniers de la constitution*

Page Facebook: lesjardiniersdelaconstitution
Site internet: https://jardiniersdelaconstitution.fr/

- Les Jardiniers de la Constitution est un collectif de citoyens et citoyennes indépendants et bénévoles qui proposent de réfléchir à ce qu'est une Constitution, à quoi elle sert, quelles en sont les différents pouvoirs décrits, quelle est la nature d'un tel texte, qui l'écrit, ou encore réfléchir à comment peut évoluer une Constitution
Le collectif facilite également l'accès à l'expérience de nouveaux concepts et pratique démocratique en organisant des conférences, des ateliers et des initiatives innovantes tels que le tirage au sort

d'une Assemblée Constituante, la création et promotion de contenu matériel pédagogique
- ☐ Suivez les actualités car un projet de réécriture de la Constitution à grande échelle est en cours.

- *La plateforme de revendications du VRAI DEBAT*

Page Facebook: https://www.facebook.com/vraidebat
Page Twitter : @Le_VraiDebat

Sujet de la Communication :

Communiquer nous mêmes afin d'être certains que les bonnes informations circulent est primordial. Voilà pourquoi des Gilets on créés leurs propres médias :
- ✔ *Vécu, le média du gilet jaune*, page Facebook: @vecu.giletjaune
- ✔ **Born to be Media Rider**, page Facebook: @borntobemedia
- ✔ *Libres & égaux, le média indépendant gilets Jaunes*, page Facebook: @Libres & égaux, le média indépendant gilets Jaunes
- ✔ *Média libre Gilet Jaune Bordeaux*, page Facebook: @medialibreGJ33
- ✔ *JauneTvNews*, page Facebook: @JauneTvNews

- ☐ D'autres citoyens gilets jaunes ont crées des Radios, des Journaux, des Chaînes Youtube...

Sujet du social :

- ☐ Des projets visant à favoriser les circuits courts sont en train de voir le jour (type coopératives, épiceries solidaires et accessibles à ceux qui sont considérés comme pas assez dans le besoin pour obtenir des aides sur l'alimentaire, des jardins solidaires etc..)

- Des projets visant à proposer une alternative au mode économique des banques actuelles à dimension éthique et éco responsable.

- Des projets Solidaires (Alimentation) du type :

✔ *Nourrissez Les Gilets Jaunes Officiel*

Objet: Autonomie alimentaire, jardins partagés
Contact: nourrissezlesgiletsjaunes@gmx.fr
Site internet: http://nourrissez-les-gj.forumactif.com
Page/Groupe Facebook ou site internet: @Nourrissez Les Gilets Jaunes Officiel

✔ *Les gilets jaunes maraudeurs d'île de France*

Objet: venir en aide aux personnes en précarités et sans abris dans toute l'île de France. Ce groupe permet de s'organiser lors des récoltes de dons, des relais et de l'organisation des maraudes.
-Facebook: @Les gilets jaunes maraudeurs d'île de France

De nombreux autres projets voient le jour depuis le début du mouvement des gilets jaunes mais aucuns ne sont mentionnés dans les médias et bon nombre de pages, groupes Facebook et profils sont censurés et temporairement bloqués ! La question qu'il faut se poser c'est pour quel motif ?

Nous sommes tous concernés par au moins une de ces 59 propositions et quelle que soit les opinions politiques des uns et des autres, ce qui compte c'est qu'il nous revient de nous battre afin que les intérêts du citoyen soit défendu en priorité et non celui des multinationales qui influencent largement les gouvernements.

Pour plus de renseignement, n'hésitez pas à envoyer un email à
giletsjaunescontact@gmail.com.

6. Le mot de la fin

> ### *Gontard Rolland, Responsable tourisme, 49 ans Caromb (84): Administrateur de la plateforme du Vrai Débat*

« L'aventure du vrai débat a commencé au début du mouvement des gilets jaunes sur le Vaucluse. A ce moment-là nous nous rencontrions plusieurs fois par semaine afin de nous structurer localement. A l'époque j'étais un des référents à Carpentras, certains se reconnaissaient en moi pour véhiculer leurs messages. J'étais plutôt respecté pour mon impartialité, et c'est ce qui m'a valu le surnom « la Suisse » car tout ce qu'on mettait en place était débattu et voté en commun.

A partir de là une aventure incroyable a commencé. Toutes les réunions se faisaient sur des applications numériques type discord. On m'avait un petit peu expliqué ce qu'il en était, mais à ma première réunion, j'ai cru que j'étais dans un autre monde. Rapidement les réunions se sont succédé, plusieurs fois par semaine. Apprenti au début, j'ai commencé à comprendre, à m'intéresser et à m'investir. Tout était voté de façon collégiale dans l'équipe ; chaque jour j'apprenais quelque chose de nouveau. Pourquoi je me suis autant mobilisé depuis le début du mouvement des gilets jaunes ? Parce que je pensais sérieusement que la France devrait être une vitrine dans le monde en termes de démocratie, de citoyenneté, des droits de l'homme, de liberté ; une vitrine également en terme de travail, du made in France qui a été pendant un temps reconnu dans le monde entier pour sa qualité. Le vrai débat a été une aventure incroyable. D'ailleurs depuis le début du mouvement des gilets jaunes je n'ai jamais autant appris et rencontré autant de personnes de milieux différents. J'en suis très fier et très content. Cette aventure a été très riche pour moi, je n'oublierai jamais tous ces moments.

L'équipe du vrai débat est constituée d'environ une quinzaine de protagonistes. Ce fascicule restera le plus grand sondage jamais réalisé en France à ce jour. N'hésitez pas une fois le livret fini de le donner à votre voisin pour l'informer.

Aujourd'hui je travaille sur la mise en place d'une plateforme d'échange, véritable outil démocratique où chaque citoyen pourrait donner son avis sur un sujet qui, après avoir récolté un nombre suffisant de voix, fera l'objet d'un référendum. »

➢ *David Prost, Agent immobilier, 40 ans, Monteux (84):*
   Administrateur de la plateforme du Vrai Débat

« Il est important de faire comprendre aux citoyens que le combat que nous menons depuis 6 mois sont pour des revendications qui regroupent tous les problèmes de la société actuelle. Nous ne devons pas être les seuls à nous battre pour améliorer notre quotidien, grâce a ces revendications c'est la vie de tout le monde qui sera améliorée. Voilà pourquoi à mon sens il est important d'en parler. »

➢ *Maxime SOUQUE, chargé de sécurité, 36 ans, Avignon (84):*
   Administrateur de la plateforme du Vrai Débat

« Il est plus qu'important de se saisir de ce mouvement social des Gilets Jaunes pour un éveil citoyen à la démocratie comme elle devrait être. Le peuple doit décider de ce qui est bon pour lui et pour son pays. Grâce au Vrai Débat, nous avons pu voir qu'une partie des citoyens s'était saisie de cette plateforme pour s'exprimer. Il faut continuer dans ces initiatives qui nous permettront de reprendre la main sur notre destin. »

En tant que Citoyen votre avis compte :

Exercez-vous à formuler une proposition dans chacune des grandes familles de revendications recensées dans la plateforme du vrai débat :

1-Une transformation profonde du Système Politique

_____

_____

2-De la justice fiscale et sociale

_____

_____

3-Un renforcement des services publics

_____

_____

4-Des mesures écologiques engageantes pour une préservation de notre environnement

_____

_____